Meine Gartenküche

Marlein Overakker Anna de Leeuw

Meine Gartenküche

Hölker Verlag

Für die Originalausgabe:

Titel der Originalausgabe: „Kookboek van het gelukkige buitenleven"
www.lannoo.com

Konzept und Fotografie: Anna de Leeuw
Rezepte und Foodstyling: Marlein Overakker
Texte: Alex Groothedde
Layout: Studio Jan de Boer, Amsterdam
Druck und Bindung: Printer Trento, Trento, Italien

Für die deutsche Ausgabe:
5 4 3 2 1   13 12 11 10 09
ISBN 978-3-88117-794-8
Übersetzung aus dem Niederländischen: Birgit van der Avoort
Typographie: Sonja Kuhlbusch, Christiane Leesker
Redaktion: Christiane Leesker

Inhalt

Marlein Overakker

Die Zeit, die ich in meinem Schrebergarten verbringe, wo ich von wohlriechenden Kräutern, Blumen und Gemüse umgeben bin, stellt für mich einen wunderbaren Ausgleich zum Leben in der Stadt dar. Ich denke dort oft mit Vergnügen an meine Kindheit zurück. Während der Sommerferien spielte ich früher ausgelassen im Imkergarten meiner Großeltern. Dort bereitete ich auch kleine Pfannkuchen und gebackenes Zuckerbrot zu. Die Freude am Essen im Freien empfinde ich jedes Jahr wieder aufs Neue.

Mein Garten und das mit Efeu bewachsende Häuschen erinnern mich an jene Zeit, als ich mit meinem Sohn in Italien lebte. Nachdem wir einige Jahre in Venedig gewohnt hatten, zogen wir auf einen Bauernhof in der Toskana. Dort lernte ich von meinen Nachbarn, Brotteig zu machen und das Brot in einem Holzofen zu backen, der mit Schnittholz aus dem Weinberg befeuert wurde. Erst kamen Pizzen in den Ofen, danach die Brote, und wenn die Ofentemperatur langsam sank, backten wir noch Kuchen, Plätzchen und Baiser. Diese Momente sind unvergesslich!

Meine Liebe zum Kochen ist in Italien noch größer geworden. Meine Bekanntschaften mit Menschen, die ihr Wissen über Brot, Pasta, Risotto, Pilze, essbare Blumen und Kräuter mit mir teilten, haben mein kulinarisches Leben enorm bereichert. Zurück in den Niederlanden hatte ich das Glück, mit sehr talentierten Küchenchefs im ehemaligen Restaurant Neeltje Pater, im Restaurant Vermeer und im ersten Supperclub zu arbeiten.

In Amsterdam habe ich das Landleben sehr vermisst, aber glücklicherweise boten Freunde mir ihren Garten mit Häuschen an. Mittlerweile habe ich auch ein Kochstudio, zu dem ebenfalls ein gemeinsam genutzter Garten gehört. Dort arbeite ich zusammen mit Inez de Jong unter dem Namen Wandering Banquets (Wandernde Buffets) an immer neuen kulinarischen Produkten. Wir versuchen, möglichst viele biologische Produkte einzusetzen, da sie uns ein gutes Gefühl geben und auch gesünder und besser für die Umwelt sind. Doch ein knackiger selbst gezogener Salatkopf, direkt aus dem Garten, gibt mir noch weitaus mehr Genugtuung ...

Während ich die Rezepte für dieses Buch aufschrieb, merkte ich, wie viele Möglichkeiten es gibt, mit Gemüse und Kräutern als Basis zu kochen. Ich hoffe, dass „Meine Gartenküche" reichlich Anregung bietet, um selbst zu experimentieren und zu improvisieren ...

Anna de Leeuw

Die Liebe zu meinem Gartenhäuschen mit Gemüsegarten teile ich mit Marlein. Mein Häuschen kaufte ich vor mehr als zehn Jahren und nach und nach gestaltete ich diesen Flecken zu einem kleinen Paradies um.
Dank der Pergola mit Blauregen und Weinranken wähne ich mich in meinem Garten im Süden. Das Dach aus Weinblättern filtert das Sonnenlicht, und von der Terrasse aus habe ich eine herrliche Aussicht auf Rosen, Buschmalven, Akanthus und Schmetterlingsflieder. Allein die Farben und Düfte und das sanfte Schwingen mancher Pflanzen verführen mich. Ich kann vollkommen versinken in der Beobachtung des Libellenfluges ...
Wenn ich im Gartenhäuschen ankomme, stelle ich als Erstes den Esstisch auf die Terrasse. Vom Wind geschützt, kann ich hier erstaunlich oft sehr behaglich essen. Ich kann mein Glück kaum fassen, wenn ich Gemüse und Kräuter aus dem eigenen Garten auf meinem Teller wiederfinde. Ihr ursprünglicher Geschmack überrascht mich jedes Mal aufs Neue. Es geht doch nichts über Speisen, die noch die volle Kraft der Sonne in sich tragen.
Natürlich kaufe ich meine Zutaten auch im Bioladen oder im Supermarkt, dort jedoch auch vorzugsweise Bio-Produkte. Aber am liebsten ernte ich Gemüse und Obst aus meinem eigenen Garten hinter meinem Gartenhäuschen. Die Schönheit der verschiedenen Pflanzen kann ich dort intensiv genießen.
Die kleine, noch nicht ganz reife Paprikaschote, die ersten, noch so zarten Salatblätter, die Blüte an jeder Bohne, bevor sie geerntet wird ...
Ich hoffe, dass meine Fotos dieses Gefühl von Glück und Schönheit vermitteln können.

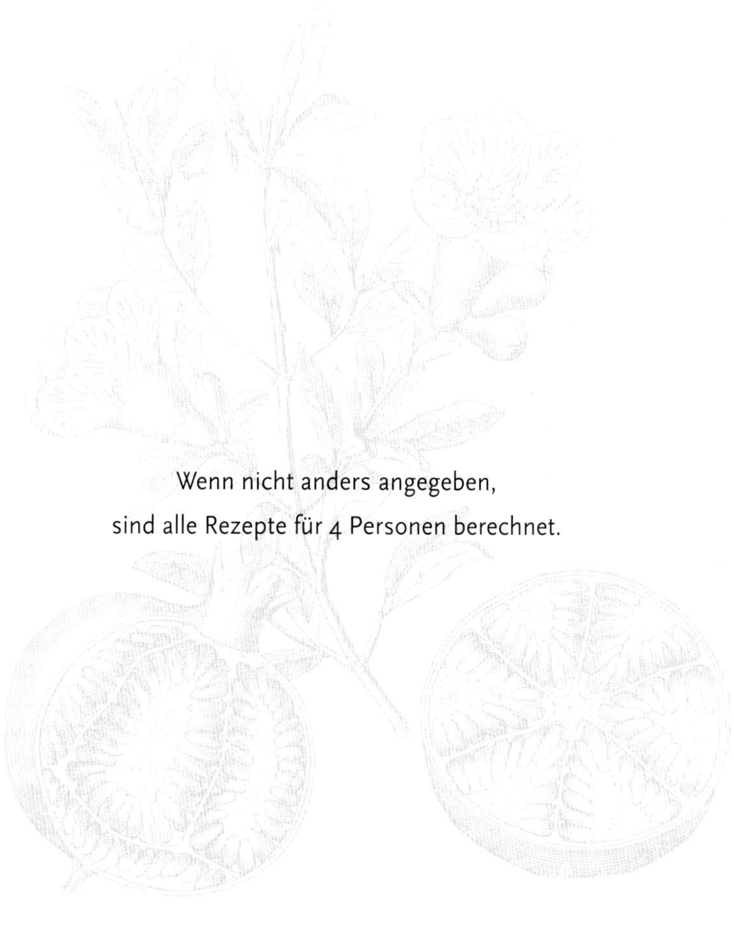

Wenn nicht anders angegeben,
sind alle Rezepte für 4 Personen berechnet.

Datteln, gefüllt mit Ziegenfrischkäse und Rucolakresse

Rucola (Eruca sativa), mit seinem herrlich nussigen Geschmack, ist ganz einfach im Garten zu ziehen. Er wächst auch gut in einem großen Topf auf einem sonnigen Balkon. Später im Sommer können Sie für dieses Rezept auch kleine Rucolablätter verwenden. Rucola hat am Ende des Sommers prächtige cremefarbene Blüten, die von dunkel purpurfarbenen Adern durchzogen sind. Auch die Blüten eignen sich wunderbar für einen Salat.

8 große Datteln (Merdjul) oder etwas mehr von einer kleineren Sorte

80 g Ziegenfrischkäse

Salz und frisch gemahlener Pfeffer

1/2 Kästchen Rucolakresse oder wahlweise junge Rucolatriebe

Die Datteln der Länge nach aufschneiden und vom Kern befreien. Den Ziegenfrischkäse mit Salz und Pfeffer würzen. Die Datteln mit je 1 Teelöffel der vorbereiteten Käsemasse füllen, auf einem Teller oder einem Brett anrichten und mit Rucolakresse bestreut servieren.

Herzhafte Brennnessel-Scones mit Frischkäse und Tomatenkonfitüre

Jedes Jahr stechen die Brennnesseln wieder! Pflücken Sie für dieses Rezept im Frühling die frischen Spitzen und Blätter und im Sommer nur die Spitzen der Brennnesseln, die noch nicht blühen. Statt Brennnesseln können Sie auch Spinat, Rucola oder Petersilie verwenden.

25 oder mehr Brennnesselspitzen • Salz

225 g Mehl • 3 TL Backpulver • 1/2 Msp. Natron

3 EL geriebener alter Hartkäse oder Parmesan

1 TL frisch gemahlener Pfeffer • 1 TL frisch geriebene Muskatnuss

6 Salbeiblätter, fein geschnitten • 50 g Butter oder 3 EL Olivenöl • 100 ml Milch

Die Brennnesselspitzen gründlich waschen (dabei am besten Küchenhandschuhe tragen) und in kochendem Salzwasser 4 Minuten kochen lassen, herausnehmen und abtropfen lassen, dabei möglichst alle Flüssigkeit herausdrücken. Die Brennnesseln fein hacken.

Den Backofen auf 225 °C vorheizen. In einer großen Schüssel Mehl, Backpulver, Natron, 1 1/2 Prisen Salz, Käse, Pfeffer, Muskat und Salbei mischen. Butter oder Olivenöl unterrühren, die Brennnesseln gut untermischen und zum Schluss die Milch zufügen. Alles schnell zu einem glatten Teig verkneten und zu einer 2 cm dicken Platte ausrollen. Kreise von etwa 5 cm Durchmesser ausstechen, beispielsweise mit einem Glas, bis der Teig verbraucht ist. Das Backblech mit Backpapier auslegen und die Scones daraufsetzen. Im vorgeheizten Backofen ca. 25 Minuten backen, bis sie gar sind. Herausnehmen und abkühlen lassen. Mit Frischkäse und Tomatenkonfitüre (Rezept S. 21) servieren.

Tomatenkonfitüre

500 g Cherrytomaten oder andere kleine Tomaten

300 g Zucker

1 Schalotte, geschält und fein geschnitten

1 kleine rote getrocknete Peperoni (oder mehr, je nach Geschmack)

Saft von 1/2 Zitrone oder 1 EL Essig

4 Stängel Basilikum, zusammengedrückt

(nicht geschnitten, die Stängel sollen in der Konfitüre sichtbar bleiben)

1 TL Salz

Die Tomaten vom Stielansatz befreien und gründlich waschen, nicht klein schneiden. Den Zucker mit den übrigen Zutaten mischen. Die Tomaten in einen Topf mit dickem Boden geben, das Zuckergemisch darüberstreuen und das Ganze vorsichtig umrühren. Die Masse auf geringer Temperatur erhitzen, dabei ab und zu vorsichtig mit einem Holzlöffel umrühren, damit nichts anbrennen kann. Die Konfitüre leicht köcheln lassen, bis sie die gewünschte Konsistenz hat (etwa 30–40 Minuten, je nach Flüssigkeitsgehalt). Den entstehenden Schaum abschöpfen. Kontrollieren können Sie die Restflüssigkeit, indem Sie einige Tropfen Konfitüre auf einem Teller abkühlen lassen.

Die Konfitüre eventuell noch mit Salz und Zitronensaft abschmecken, kochend heiß direkt in saubere, kochend heiß ausgespülte Twist-off-Gläser füllen und verschließen. Ein Etikett mit Datum und Angabe des Inhalts versehen und aufkleben. Konfitüre dunkel und kühl lagern. Nach dem Öffnen im Kühlschrank aufbewahren.

Knäckebrötchen mit Ricotta, Schnittlauch und getrockneten Cherrytomaten

Für diesen einfachen Snack werden Mini-Knäckebrötchen verwendet, aber genauso gut können Sie Cracker oder dünnes Knäckebrot nehmen.

1 EL Olivenöl

2 EL frischer Schnittlauch, in feine Röllchen geschnitten

(oder Basilikum, Oregano, Petersilie … alle Kräuter eignen sich gut)

250 g Ricotta

Salz und frisch gemahlener Pfeffer

12 Mini-Knäckebrötchen

12 getrocknete Cherrytomatenhälften (Rezept S. 24)

Olivenöl mit zwei Dritteln des Schnittlauchs unter den Ricotta rühren. Mit Salz und frisch gemahlenem Pfeffer würzen. Die Ricotta-Creme mit einem Löffel auf die Knäckebrötchen streichen. Mit je 1 halben Tomate garnieren und mit dem restlichen Schnittlauch bestreuen.

Getrocknete Cherrytomaten aus dem Ofen

In sonnigen Gegenden können Tomaten auf Netzen (oder Gittern) in der Sonne trocknen, aber das Trocknen geht genauso gut im Backofen. Je nach Geschmack können Sie noch einige Stängel frisches Basilikum, Oregano, Thymian oder Rosmarin und eventuell einige geröstete Knoblauchzehen mit in die Gläser geben. Kein Backofen oder keine Zeit? Halb getrocknete Tomaten gibt es auch fertig zu kaufen!

500 g Cherrytomaten oder andere kleine Tomaten

evtl. einige Knoblauchzehen, ungeschält

Meersalz und frisch gemahlener Pfeffer • Olivenöl

Außerdem: evtl. 1 kg Salz zum Bestreuen des Backblechs

Den Backofen auf die niedrigste Temperatur einstellen; am besten auf 50–80 °C. Die Tomaten halbieren und vom Stielansatz befreien. Ein Backblech mit saugfähigem Backpapier auslegen oder eine dicke Schicht Salz auf das Blech streuen. Die Tomatenhälften mit der Schnittfläche nach oben darauf verteilen. Mit Meersalz und frisch gemahlenem Pfeffer würzen und eventuell noch einige Knoblauchzehen dazulegen. Das Backblech in den vorgeheizten Ofen schieben und die Tomaten etwa 1 1/2–2 Stunden langsam trocknen lassen. Je größer die Tomaten, desto länger die Trockenzeit. Die Tomaten in sauberen Twist-off-Gläsern unter einer Schicht Olivenöl kühl aufbewahren.

Artischocken mit grüner Kräutersenf-Vinaigrette

4 Artischocken • 1 EL Salz

Für die Vinaigrette:

1 EL grüner Kräutersenf

9 EL Olivenöl

1 TL Honig

Saft von 1/2 Zitrone

1 Knoblauchzehe, geschält und durchgepresst

Salz und frisch gemahlener Pfeffer

6 EL Apfelsaft

Die Stiele der Artischocken bis zum Blattansatz entfernen. In einem großen Topf Salzwasser zum Kochen bringen. Sobald das Wasser kocht, die Artischocken hineingeben und mit einem tiefen Teller oder einer Schüssel beschweren, damit sie während des Kochens unter Wasser bleiben und sich nicht verfärben. Die Artischocken 40–50 Minuten kochen lassen (die Zeit hängt von der Größe ab). Durch Zupfen an den mittleren Blättern prüfen, ob sie gar sind. Das ist der Fall, wenn sie sich leicht herausziehen lassen.

Inzwischen für die Vinaigrette in einer Schüssel Kräutersenf mit Olivenöl, Honig, Zitronensaft, Knoblauch, Salz und frisch gemahlenem Pfeffer mischen. Unter Rühren den Apfelsaft zugeben.

Die gegarten Artischocken aus dem Topf heben und sofort in eine Schüssel mit eiskaltem Wasser geben. Anschließend gut abtropfen lassen. Die Vinaigrette in kleinen Schälchen separat dazu reichen.

Frittierte Zucchiniblüten mit Mozzarella-Füllung

Die Zucchiniblüten schmecken herrlich als Beilage oder als Vorspeise zusammen mit einem kleinen Salat.

Für die Blüten: 1 Kugel Mozzarella, gewürfelt • 8 Blätter Basilikum, fein geschnitten
8 halb getrocknete Tomaten (Rezept S. 24) • 2 EL geriebener Parmesan
2 EL Semmelbrösel • Salz und frisch gemahlener Pfeffer • 8 Zucchiniblüten

Für den Teig: EL Mehl • 1 Msp. Backpulver • 1/2 TL Salz
1/4 l kaltes Mineralwasser mit Kohlensäure

Außerdem: 1 EL Mehl zum Bestäuben • 3/4 l Öl zum Frittieren

Für die Blüten den Mozzarella mit Basilikum, Tomaten, Parmesan, Semmelbröseln, Salz und Pfeffer mischen. Die Blüten vorsichtig öffnen und den Stempel entfernen. Die jungen Zucchini bis etwa 1 cm unterhalb der Blüte längs einschneiden, damit sie gar werden. Die Blüten mit 1 Teelöffel der Mozzarella-Mischung füllen und vorsichtig an den Spitzen zusammendrehen.
Für den Teig das Mehl mit Backpulver und Salz in einer Schüssel mischen. Mineralwasser zugießen und alles zu einem dünnflüssigen Teig mit Klümpchen (jawohl!) verrühren. Er sollte nicht dicker als Joghurt sein. Die Zucchiniblüten mit Mehl bestäuben und nacheinander durch den Teig ziehen. Dabei darauf achten, dass sie geschlossen bleiben. Nicht mehr als 2 Blüten gleichzeitig im heißen Öl etwa 3 Minu ten ausbacken, bis sie knusprig und goldbraun sind. Auf Küchenpapier abtropfen lassen und warm servieren.

Ziegenkäse im Zucchinimantel mit Schnittlauchblüten

Crottes de chèvre (kleine Ziegenkäserollen) gibt es am Käsestand auf dem Wochenmarkt und in gut sortierten Käsegeschäften. Doch auch mit einem in Stücke geschnittenen Tomme de chèvre oder einem Brie gelingt das Rezept sehr gut.

2 mittelgroße Zucchini

3 EL Olivenöl

1 EL Balsamico-Essig

1 Knoblauchzehe, geschält und durchgepresst

Salz und frisch gemahlener Pfeffer

12 Crottes de chèvre

2 Schnittlauchblüten

Die Zucchini putzen und mit einem Käsehobel oder einem Sparschäler der Länge nach in dünne Streifen schneiden. Olivenöl, Balsamico-Essig, Knoblauch, Salz und Pfeffer in einem Schüsselchen verrühren. Die Zucchini-Scheiben kurz in einer heißen, nicht gefetteten Grillpfanne oder auf dem Grill rösten.
Danach die Streifen durch das Dressing ziehen und um die kleinen Käserollen wickeln. Auf einer Platte anrichten, die herrlichen Schnittlauchblüten zerbröseln und locker über die kleinen Käserollen streuen.

Gurkensalat mit Borretsch

Borago officinalis, zu deutsch Borretsch oder Gurkenkraut, ist eine borstig behaarte einjährige Pflanze mit prächtigen, sternförmigen blauen Blüten. Der Name verweist auf den Duft und das Aroma der Gurke, zu der das Kraut wunderbar passt. Die Blüten und das fein geschnittene Blatt sind herrlich in Salaten und Suppen.

1 Salatgurke • Meersalz

3 Stängel Borretsch mit Blüten

Saft und abgeriebene Schale von 1/2 unbehandelten Zitrone

Olivenöl • frisch gemahlener Pfeffer

Die Gurke putzen und der Länge nach schälen. Dabei immer einen Streifen auslassen, so dass jeweils ein geschälter neben einem ungeschälten Streifen entsteht.
Die Gurke längs halbieren und die Kerne mit einem Teelöffel entfernen. Die Gurkenhälften in etwa 1 cm dicke Scheiben schneiden, in ein Sieb geben und mit Meersalz bestreuen. Mit einem Teller und einem Gewicht, z. B. einem Schälchen Wasser, beschweren, damit die Flüssigkeit besser abtropfen kann, und etwa 1/2 Stunde entwässern.
In der Zwischenzeit die Blättchen und Blüten von den Borretschstängeln zupfen. Die Blättchen in schmale Streifen schneiden und beides beiseitestellen.
Die Gurkenstückchen abspülen und trockentupfen und in eine Schüssel geben. Zitronensaft, abgeriebene Zitronenschale, Olivenöl und frisch gemahlenen Pfeffer zufügen, alles gut vermischen und mit den fein geschnittenen Borretschblättchen und den prächtigen blauen Blüten garnieren.

In voller Pracht

Im Gewächshaus und im Gemüsegarten ist ein guter Moment,
beim Anblick des Wunders einer Pflanze zu verharren.
Allein schon die prachtvollen Blätter,
durchscheinend im Gegenlicht …
Am Anfang noch Samenkorn, später Blüte, und dann schenkt uns die Pflanze
ihre Früchte, die wir dankbar annehmen.

Gurken-Körbchen mit Tomatenmascarpone

1 Gurke • 1 Päckchen Mascarpone

1 EL Bio-Tomatenmark

Salz und frisch gemahlener Pfeffer

1/2 Knoblauchzehe, geschält und durchgepresst

4 Stängel Basilikum (je kleinblättriger, desto besser) oder Oregano

Die Gurke putzen und längs in Streifen schälen. Dabei immer einen Streifen auslassen, so dass jeweils ein geschälter neben einem ungeschälten Streifen entsteht. Die Gurke in 3 cm dicke Scheiben schneiden. Jede Scheibe in der Mitte zu einem Körbchen mit Boden aushöhlen und dabei etwa zwei Drittel des Gurkenfleisches herauslösen. In einer Schüssel den Mascarpone mit Tomatenmark, Salz, Pfeffer und Knoblauch verrühren. Die Gurken-Körbchen mit der Mascarpone-Mischung füllen und mit einigen Basilikum- oder Oreganoblättchen garnieren.

Gegrilltes Gemüse

8 Möhren

1 Aubergine

1 Zucchini

4 kleine Tomaten

Meersalz und frisch gemahlener Pfeffer

1 Knoblauchzehe, geschält und fein gehackt

4 EL Olivenöl

Das Gemüse putzen. Die Möhren bis kurz vor dem Blattansatz schälen. Die Aubergine und die Zucchini längs in Streifen schälen. Dabei immer einen Streifen auslassen, so dass jeweils ein geschälter neben einem ungeschälten Streifen entsteht. Beides in etwa 2 cm dicke Scheiben schneiden. Die Tomaten bleiben ganz. Die Gemüsescheiben mit Meersalz und Pfeffer würzen. Grillpfanne oder Grill erhitzen. In der Zwischenzeit Knoblauch, Olivenöl, Meersalz und Pfeffer in einer Schüssel zu einer Marinade verrühren und kurz beiseitestellen. Das Gemüse von beiden Seiten einige Minuten in einer Pfanne ohne Fett oder auf dem Grill anbraten, in die Schüssel mit der Olivenölmarinade geben und durchziehen lassen. Vor dem Servieren das Gemüse aus der Marinade nehmen und auf einer Platte anrichten. Zum Schluss mit etwas Olivenöl beträufeln und mit Meersalz würzen.

Sommerfrüchte in Rotwein mit Waldmeister

250 g Erdbeeren

125 g Johannisbeeren

125 g Blaubeeren

125 g Brombeeren

125 g Himbeeren

2 EL gesiebter Puderzucker

Saft von 1 Zitrone

7 Stängel Waldmeister

1/2 l trockener Rotwein

Erdbeeren, Johannisbeeren, Blaubeeren und Brombeeren waschen und zum Trocknen auf ein sauberes Tuch legen. Nur die Himbeeren beiseite stellen (sie können beim Waschen auseinanderfallen). Die Früchte putzen. Die großen Erdbeeren halbieren. Die Früchte in eine große Schüssel geben und mit Puderzucker und Zitronensaft mischen.

Von 3 Stängeln Waldmeister die Blättchen abzupfen, fein hacken und unter das Obst mischen. Die Beeren bekommen so einen noch intensiveren Geschmack. Den Wein zugießen und alles 1/2 Stunde ziehen lassen, damit sich die Aromen verbinden. Den Obstsalat auf 4 Teller verteilen und die Himbeeren darauf anrichten. Mit je 1 Stängel Waldmeister garnieren.

Auberginensnack

1 Aubergine

2 EL Mehl • 1 Ei

Meersalz und frisch gemahlener Pfeffer

6 EL Semmelbrösel

4 EL frisch geriebener Parmesan

Olivenöl zum Braten

Die Aubergine putzen und in 1 cm dicke Scheiben schneiden. Mehl in einen tiefen Teller geben. Das Ei mit 1 Esslöffel Wasser, Salz und Pfeffer in einem zweiten tiefen Teller verquirlen. In einem dritten Teller Semmelbrösel und Käse mischen. Die Teller nebeneinanderstellen und die Auberginenscheiben zuerst im Mehl, dann in der Eimischung und zum Schluss in der Käsemischung wenden. Etwas Olivenöl in einer Pfanne erhitzen und die Scheiben bei mittlerer Hitze in 4–5 Minuten von beiden Seiten backen, bis sie schön braun sind.

Himbeer-Auflauf

Dieses klassische französische Rezept wird im Original mit Kirschen zubereitet, aber natürlich eignen sich auch andere Obstsorten ganz vortrefflich.

Für 6–8 Personen:

4 Eier

40 g Zucker

1 Msp. Salz

140 g gesiebtes Mehl

200 ml Milch

Fett für die Form

250 g Himbeeren

Puderzucker zum Bestäuben

Den Backofen auf 180 °C vorheizen. Die Eier mit dem Zucker und Salz schaumig schlagen. Mehl und Milch zufügen. Die Hälfte des Teiges in eine gefettete Auflaufform füllen, die Himbeeren darauf verteilen und den restlichen Teig darübergeben. Den Auflauf in den vorgeheizten Backofen schieben und in etwa 40 Minuten goldbraun backen. Mit Puderzucker bestäuben und warm servieren.

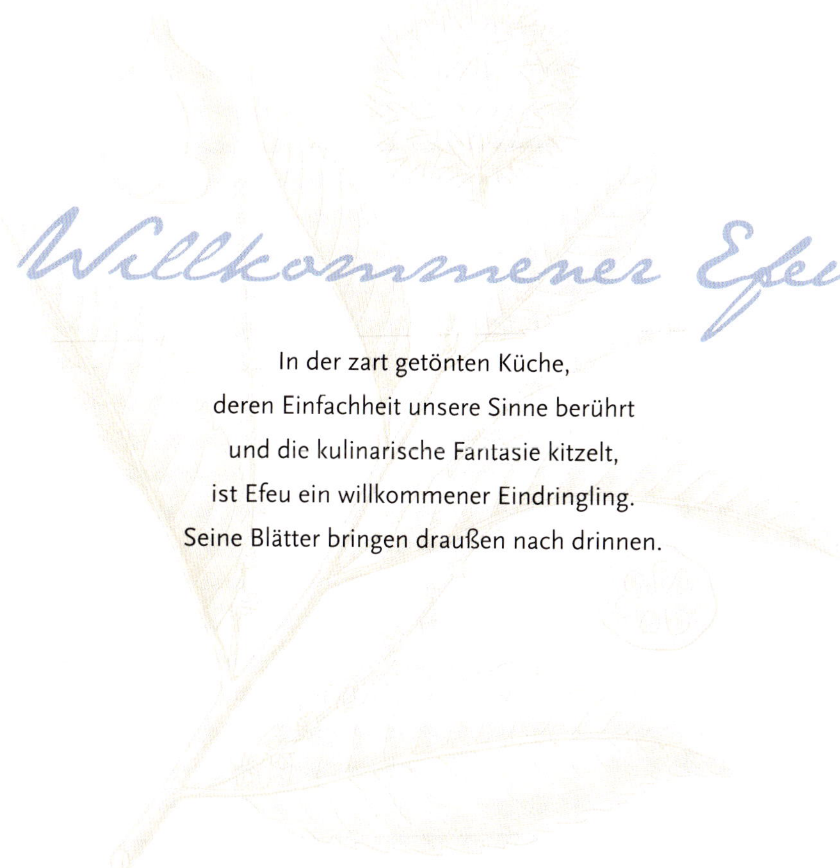

Willkommener Efeu

In der zart getönten Küche,
deren Einfachheit unsere Sinne berührt
und die kulinarische Fantasie kitzelt,
ist Efeu ein willkommener Eindringling.
Seine Blätter bringen draußen nach drinnen.

Grüner-Spargel-Auflauf

Die Variationsmöglichkeiten für dieses Rezept sind endlos, denn der Auflauf lässt sich hervorragend mit allen möglichen verschiedenen Gemüsesorten, Kräutern, Käsesorten und Nüssen zubereiten.

Für 6–8 Personen: Salz • 1 kg grüner Spargel
2 Zwiebeln, geschält und fein geschnitten
1 Schuss Olivenöl • frisch gemahlener Pfeffer
8 Eier • 300 ml Milch • 1 TL frisch geriebene Muskatnuss
250 g Semmelbrösel • 150 g frisch geriebener alter Hartkäse

Den Backofen auf 180 °C vorheizen. In einem hohen Topf Wasser und 3 Esslöffel Salz zum Kochen bringen. Vom Spargel das untere Drittel schälen und die Enden abschneiden. Wenn das Wasser kocht, den Spargel aufrecht in den Topf stellen und etwa 8 Minuten kochen lassen (je nach Dicke), bis er fast gar ist. Herausheben und abtropfen lassen. Die Stangen in kleine Stücke schneiden, die Spitzen beiseitestellen. Die Zwiebeln in 1 Schuss Olivenöl anschmoren, salzen, pfeffern und beiseitestellen. Eier, Milch, Muskatnuss, Salz und Pfeffer verquirlen. Semmelbrösel, Käse, Spargelstangenstücke und geschmorte Zwiebeln zufügen und alles gut verrühren. Eine Backform mit 26 cm Durchmesser großzügig mit Backpapier auslegen (damit keine Flüssigkeit auslaufen kann) und mit der Hälfte der Masse füllen. Zwei Drittel der Spargelspitzen darauf verteilen und den Rest der Masse einfüllen. Den Auflauf 40 Minuten im vorgeheizten Ofen backen, bis er gar und goldbraun ist. Mit den restlichen Spargelspitzen garniert servieren.

Ricotta-Brennnessel-Gnocchi mit Salbeibutter

Die große Brennnessel (Urtica dioica) wächst überall auf der Welt. Sie wird meist unterschätzt, obwohl sie einen hohen Nährwert hat. Außerdem hat das Heilkraut eine reinigende Wirkung auf den ganzen Körper. Von den frischen oder getrockneten Blättern lässt sich zudem ganz einfach Tee zubereiten. Statt Brennnesseln kann man für dieses Rezept auch sehr gut Petersilie, Spinat oder Rucola verwenden.

ca. 30 Brennnesselspitzen von 20 cm Länge

Salz • 400 g Ricotta

200 g Mehl • 4 EL frisch geriebener Parmesan

1 TL Salz • frisch gemahlener Pfeffer

1/2 TL frisch geriebene Muskatnuss

1 Ei • 16 Salbeiblätter, fein geschnitten

Mehl zum Bestäuben

2 EL Butter • 8 Salbeiblätter, ganz

2 EL frisch gehobelter Parmesan

Die Brennnesseln gründlich waschen. Dabei am besten Küchenhandschuhe tragen, denn die Nesselhaare stechen sogar im Wasser! Einen großen Topf mit Salzwasser zum Kochen bringen. Die Nesseln etwa 5 Minuten darin garen, abgießen und abtropfen lassen. Den Ricotta in eine Schüssel geben. Mehl, geriebenen Parmesan, Salz, Pfeffer, Muskatnuss und das Ei untermischen. Die Brennnesseln gut ausdrücken und fein hacken. Zusammen mit der Hälfte der fein geschnittenen Salbeiblätter unter die Ricotta-Mischung heben. >>

Ein Schneidebrett mit Mehl bestäuben und aus dem Teig etwa 6 cm dicke Rollen formen. Diese in etwa 1 1/2 cm dicke Stücke schneiden. Daraus kleine Bällchen formen (Gnocchi) und auf eine große, mit Mehl bestäubte Platte legen. Wenn die Mischung noch klebt, die Hände ebenfalls mit etwas Mehl bestäuben. In einem großen Topf Salzwasser zum Kochen bringen. Inzwischen die Butter in einem kleinen Topf bei niedriger bis mittlerer Hitze schmelzen und die ganzen Salbeiblätter darin anbraten, bis sie knusprig sind. Auf Küchenpapier abtropfen lassen und beiseitestellen. Nun die verbliebene Hälfte des fein geschnittenen Salbeis in derselben Butter anbraten.
Sobald das Wasser kocht, 8–10 Gnocchi hineingeben und leicht kochen lassen, bis sie oben schwimmen, dann sind sie gar. Mit einem Schaumlöffel herausheben und in den Topf mit Butter und fein geschnittenen Salbeiblättern geben. Diesen Schritt wiederholen, bis alle Gnocchi gegart sind. Zwischendurch die Gnocchi in der Salbei-Butter mit einem Holzlöffel umrühren. Die Ricotta-Brennnessel-Gnocchi mit gehobeltem Parmesan servieren und mit gebratenen Salbeiblättern garnieren.

ARROZ "CALASPARRA"
Pimentón de la Vera
"LA DALIA"
Sal de Mesa

Salat mit Radieschen und frittierten Ziegenkäsebällchen

1 Kopf Salat

1 Kästchen Radieschensprossen

(Bioladen; ersatzweise Alfa-Alfa-Sprossen)

1 Bund Radieschen • 2 Eier

Salz und frisch gemahlener Pfeffer

12 Crottes de chèvre (Mini-Ziegenkäse)

2 EL Mehl • EL Semmelbrösel

3/4 l Sonnenblumenöl zum Ausbacken

Salat putzen, waschen und trockenschleudern. Sprossen waschen und auf einem sauberen Tuch abtropfen lassen. Radieschen putzen und in dünne Scheiben schneiden. Die Eier mit ein wenig Wasser, Salz und Pfeffer verquirlen. Die kleinen Ziegenkäsestücke durch das Mehl rollen, dann durch die Eiermasse ziehen und zum Schluss in den Semmelbröseln wenden. Ein zweites Mal durch die Eiermasse rollen und in den Semmelbröseln wenden.

Das Öl erhitzen und die kleinen Käsebällchen (nicht mehr als 4 gleichzeitig) darin frittieren, bis sie goldbraun sind. Herausheben und auf Küchenpapier abtropfen lassen. Den Salat auf Tellern oder auf einer Platte anrichten und mit den Sprossen und den Radieschenscheiben bestreuen. Die frittierten Käsebällchen halbieren und auf dem Salat anrichten. Z. B. mit einer Honig-Senf-Vinaigrette servieren.

Salat von Limabohnen mit marinierten roten Zwiebeln

2 Dosen Limabohnen (große weiße flache Bohnen, abgegossen)
oder 250 g getrocknete Limabohnen
5 EL Reisessig • 3 EL Zucker
ca. 5 cm frische Ingwerwurzel, ungeschält in Scheiben geschnitten
2 rote Zwiebeln, geschält
12 Radieschen, geputzt und in dünne Scheiben geschnitten
1/2 Kästchen Radieschensprossen oder andere Sprossen,
z. B. Taugé- oder rosa Sangosprossen (in Bioläden erhältlich)
Salz und frisch gemahlener Pfeffer
Olivenöl zum Beträufeln

Getrocknete Bohnen vor der Zubereitung 12 Stunden in reichlich Wasser einweichen. Danach das Einweichwasser abgießen und die Bohnen 2 Stunden leicht köcheln lassen. Anschließend mit kaltem Wasser abspülen und in einem Durchschlag abtropfen lassen.
In einem Topf Essig mit Zucker und Ingwer bei mittlerer Hitze leicht köcheln lassen, bis der Zucker sich aufgelöst hat. Den Sirup durch ein Sieb in eine Schüssel gießen und abkühlen lassen.
Die Zwiebeln in dünne Ringe schneiden und in den Ingwersirup geben. Gut durchrühren und 20 Minuten durchziehen lassen, bis die Zwiebelringe eine schöne rosa Farbe annehmen. Die Bohnen auf einer Platte oder auf Tellern anrichten, Sprossen und Radieschenscheiben darauf verteilen. Mit den marinierten Zwiebelringen garnieren, salzen, pfeffern und mit Olivenöl beträufeln.

Scones mit Sahne und Erdbeerkonfitüre

In England sind Scones ein Klassiker. Sie werden dort mit Clotted cream serviert, einem dicken gelben Rahm aus roher Kuhmilch, aber leider ist Clotted cream bei uns kaum erhältlich. Um sie so gut wie möglich zu ersetzen, können Sie eine Mischung aus einem Teil Mascarpone und zwei Teilen steif geschlagener Schlagsahne verwenden.

225 g Mehl • 1 TL Salz

1/2 EL Zucker • 3 TL Backpulver

1/2 Msp. Natron

50 g Butter • 1/8 l Milch

1/4 l Schlagsahne

Erdbeerkonfitüre (Rezept S. 79)

Den Backofen auf 225 °C vorheizen. Das Mehl mit Salz, Zucker, Backpulver und Natron mischen. Die Butter unter die trockene Mischung kneten. Milch zufügen und alles schnell zu einem glatten Teig verarbeiten. Diesen zu einer etwa 2 cm dicken Platte ausrollen und mit einem Glas Kreise von etwa 6 cm Durchmesser ausstechen, bis der Teig verbraucht ist. Ein Backblech mit Backpapier auslegen und die Teigkreise mit genug Abstand daraufsetzen. Die Scones etwa 12 Minuten im vorgeheizten Backofen backen. Noch warm servieren und dazu steif geschlagene Sahne oder eine Mischung aus Mascarpone und Schlagsahne sowie Erdbeerkonfitüre (Rezept S. 79) reichen

Aardbeienjam
mei 2007

Erdbeerkonfitüre

1 kg Erdbeeren, gewaschen und geputzt

800 g Zucker

einige Stängel Waldmeister

Saft von 1 Zitrone

Die großen Erdbeeren halbieren, die anderen ganz verwenden. Die vorbereiteten Früchte in einen großen Topf mit dickem Boden geben. Mit Zucker bestreuen und Waldmeister und Zitronensaft zugeben. Vorsichtig mit einem Holzlöffel umrühren und eine 1/2 Stunde ziehen lassen.

Die Erdbeermischung dann leicht erwärmen und ab und zu umrühren, bis der Zucker sich aufgelöst hat. Die Mischung nun langsam zum Kochen bringen und bei niedriger Hitze etwa 40 Minuten leicht einkochen lassen. Den Topf vom Herd ziehen und den Schaum mit einem Löffel oder einer Schaumkelle abschöpfen.

Die Konfitüre mit dem Waldmeister bis zum Rand in saubere, kochend heiß ausgespülte Twist-off-Gläser füllen und gut verschließen.

Die Gläser einige Zeit umgedreht stehen lassen. So sinken nicht alle Früchte sofort zu Boden. Etiketten mit Datum und Inhalt versehen und aufkleben. Die Gläser dunkel aufbewahren. Nach dem Öffnen im Kühlschrank aufbewahren.

Zucchini-Küchlein

2 mittelgroße Zucchini, geputzt und grob geraspelt

Salz • 2 Eier, verquirlt

1 Zwiebel, geschält und fein gewürfelt

2 EL Petersilie, fein gehackt

3 Stängel frischer Thymian, die Blättchen abgezupft

4 EL frisch geriebener Parmesan oder alter Hartkäse

1 Knoblauchzehe, geschält und fein gehackt oder durchgepresst

1/2 TL frisch geriebene Muskatnuss

frisch gemahlener Pfeffer

2 EL gesiebtes Mehl • Olivenöl zum Braten

Die Zucchiniraspel auf ein sauberes Tuch geben und mit 1 Teelöffel Salz bestreuen. Saft ziehen lassen und dann so gut wie möglich ausdrücken. Die Zucchiniraspel in einer großen Schüssel mit den verquirlten Eiern mischen. Zwiebel, 1 1/2 Esslöffel Petersilie, Thymian, geriebenen Käse, Knoblauch und Muskat zufügen. Salzen, pfeffern und alles gut verrühren. Zum Schluss das Mehl unterheben. Olivenöl in einer Pfanne erhitzen, mit einem Löffel kleine Häufchen der Zucchini-Mischung hineinsetzen und flach drücken. Dabei genug Platz zwischen den Küchlein lassen. Die Küchlein einige Minuten bei geringer bis mittlerer Hitze von beiden Seiten backen, bis sie schön braun sind. Herausheben und warm stellen. Nun nach und nach die restlichen Küchlein backen, bis der Teig verbraucht ist. Auf einer Platte anrichten und mit der verbliebenen gehackten Petersilie bestreut servieren.

Voll Vertrauen

Wohin man auch kommt, von Norwegen bis Portugal,
überall führen Obstbauern ein Leben im Vertrauen.
Auch im nächsten Jahr wird es wieder Kirschen im Überfluss geben,
ebenso wie alles andere, das unter der Sonne auf Erden wächst.
Obststände und Geldbüchsen stehen unbewacht,
denn wer Vertrauen schenkt, dem wird es auch gelohnt.

Fenchelsalat mit Orangen und schwarzen Oliven

2 mittelgroße Fenchelknollen

2 Orangen

12 entsteinte schwarze Oliven

2 EL Olivenöl

Meersalz und frisch gemahlener Pfeffer

Fenchelknollen putzen. Dafür unansehnliche oder harte äußere Blätter und den bitteren Strunk entfernen. Das zarte Grün abschneiden und beiseitelegen. Fenchel in dünne Scheiben hobeln oder schneiden und auf einer Platte anrichten.
Die Orangen mit einem scharfen Messer schälen, dabei die weiße Innenhaut mit entfernen. Die Filets zwischen den Trennhäuten herausschneiden und auf dem Fenchel verteilen. Die Oliven darüberstreuen und den Salat mit dem beiseitegestellten Grün garnieren. Mit Olivenöl beträufeln und mit Meersalz und Pfeffer würzen.

Crostini mit gebratenen Pilzen

1 kleines Baguette oder anderes Brot

(z. B. Ciabatta, marokkanisches oder türkisches Fladenbrot)

250 g gemischte Pilze

(z. B. Champignons, Steinpilze oder Pfifferlinge)

2 EL Olivenöl

1 Schalotte, geschält und fein geschnitten

1 Knoblauchzehe durchgepresst

1 Knoblauchzehe, geschält und halbiert

Salz und frisch gemahlener Pfeffer

2 EL fein gehackte Petersilie

Das Brot in schräge Scheiben schneiden und auf dem Grill, im Backofen oder in der Pfanne rösten. In der Zwischenzeit die Pilze vorsichtig mit Küchenpapier abreiben und putzen, aber nicht waschen! Die großen Pilze in Scheiben schneiden, die kleinen ganz lassen.

In einer Pfanne etwas Olivenöl erhitzen und die Pilze darin mit der Schalotte und der durchgepressten Knoblauchzehe etwa 4 Minuten bei mittlerer Hitze braten, salzen und pfeffern. Zum Schluss die Petersilie zufügen und eventuell mit Salz und Pfeffer abschmecken. Die gerösteten Crostini mit den Hälften der ganzen Knoblauchzehe einreiben und auf jede Scheibe 1 Löffel der gebratenen Pilze geben. Auf Tellern anrichten und sofort servieren.

Rhabarber-Streusel-Tarte

Für diese Tarte eigenen sich natürlich auch viele andere Obstsorten oder Kombinationen von verschiedenen Früchten ganz vortrefflich, beispielsweise Äpfel, Birnen, Quitten (mindestens 15 Minuten gekocht) oder Kirschen.

Für 1 Tarteform von 22 cm Durchmesser:

100 g weißer oder brauner Rohrzucker

1 TL Salz

190 g gesiebtes Mehl

110 g Butter

3–4 Rhabarberstangen

2 TL gemahlener Zimt

1 EL Kristallzucker

Den Backofen auf 180 °C vorheizen. Rohrzucker und Salz mit dem Mehl mischen. Zusammen mit der Butter zu krümeligen Streuseln verkneten. Den Teig zugedeckt an einem kühlen Ort ruhen lassen.
Den Rhabarber putzen und in etwa 3 cm breite Stücke schneiden. Auf einem Tuch oder Küchenpapier abtropfen lassen. Dann mit Zimt und Kristallzucker mischen. Die Form großzügig mit Backpapier auskleiden und den Boden mit einer Schicht Streuseln bedecken. Das Rhabarber-Gemisch darüber verteilen und mit den restlichen Streuseln bedecken. Die Tarte 40 Minuten im vorgeheizten Backofen backen. Sie schmeckt sowohl warm als auch kalt ganz herrlich. Je nach Geschmack mit Eis, Schlagsahne oder Vanillesauce servieren.

Singen beim Abwasch

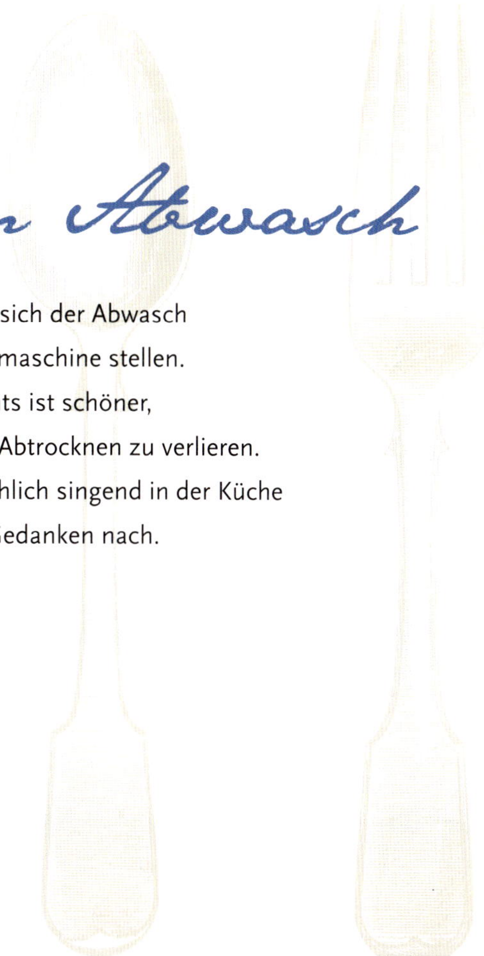

Im Gartenhäuschen lässt sich der Abwasch
nicht einfach in eine Spülmaschine stellen.
Zum Glück. Denn nichts ist schöner,
als sich im Bürsten, Spülen und Abtrocknen zu verlieren.
Bevor wir es wissen, stehen wir fröhlich singend in der Küche
oder hängen unseren Gedanken nach.

Türmchen von gegrilltem Gemüse

Dieses Gericht sieht ganz besonders hübsch aus und eignet sich daher gut für Gäste. Die Türmchen schmecken auch kalt sehr lecker.

Für die Marinade: 5 EL Olivenöl

1 kleine getrocknete Peperoni, fein gehackt, oder frisch gemahlener Pfeffer

1 Knoblauchzehe, geschält und durchgepresst

Meersalz • aufgefangener Saft von den Paprikaschoten

Für die Türmchen: 1 Kugel Mozzarella

1 Zucchini, der Länge nach in Streifen geschält

und in 1 1/2 cm dicke runde Scheiben geschnitten

1 Aubergine, der Länge nach in Streifen geschält

und in 1 1/2 cm dicke runde Scheiben geschnitten

1 große rote Paprikaschote • 1 große gelbe Paprikaschote

12 Basilikumblättchen

4 oder mehr Rosmarinstängel, im unteren Teil von den Nadeln befreit

Außerdem: 4 oder mehr Holzschaschlikspieße

(um das Verbrennen der Rosmarinzweige im Backofen zu vermeiden)

>>

Für die Marinade Olivenöl, Peperoni (oder Pfeffer), Knoblauch und Salz verrühren. Nun für die Türmchen den Mozzarella in Scheiben schneiden und abtropfen lassen. Die Zucchini- und Auberginenscheiben auf dem Grill oder in einer Pfanne ohne Fett von beiden Seiten anbraten.

Den Backofen auf 180 °C vorheizen. Die Paprikaschoten 30 Minuten oder länger im heißen Backofen backen (ab und zu wenden) oder auf den Grill legen. (Eine noch schnellere Methode: Paprikaschoten auf einer langen Gabel über einer Gasflamme drehen. Die Haut wirft Blasen und lässt sich leicht lösen.) Die heißen Paprikaschoten in eine Plastiktüte geben und diese verschließen oder mit einem feuchten Tuch abdecken und auskühlen lassen. Mit beiden Methoden lässt sich die Haut einfach abziehen.

Die Paprikaschoten über einem Teller häuten, halbieren und von Samen und Scheidewänden befreien. Dabei den Saft auffangen und unter die Marinade rühren. Die Paprika grob würfeln und zusammen mit den Zucchini- und Auberginenscheiben für 15 Minuten in die Marinade legen.

Jetzt das Gemüse zu Türmchen schichten, z. B. 1 Scheibe Aubergine, 1 Blättchen Basilikum, 1 Scheibe Zucchini, 1 Stück rote oder gelbe Paprika, 1 Scheibe Mozzarella und wieder 1 Stück Paprika. Das Ganze wiederholen, bis alle Zutaten aufgebraucht sind. Einen Schaschlikspieß von oben nach unten durch das Türmchen stechen und diese für etwa 6 Minuten in den vorgeheizten Backofen setzen. Herausnehmen, auf einer Platte anrichten und vor dem Servieren die Spieße durch frische Rosmarinstängel ersetzen.

Ausgebackene Holunderblüten

Dies ist ursprünglich ein japanisches Rezept, bei dem die Blüten in Teig knusprig frittiert wurden. Im späten Frühling und im Frühsommer ist der Holunder (Sambucus nigra) mit duftenden cremefarbenen Blüten übersät. Im Frühherbst erscheinen dann die prachtvollen roten Dolden mit saftigen dunkelvioletten Beeren. Die reifen Beeren lassen sich gut zu Marmeladen, Gelees, Säften, Torten und Gebäck verarbeiten. Sie sind reich an Vitamin C. Die Blätter eignen sich als Dekoration, sind aber nicht essbar. Verwenden Sie niemals grüne oder halbreife Beeren.

3/4 l Öl zum Ausbacken

6 EL Mehl

1 Msp. Backpulver

1 Msp. Salz

1/4 l kaltes Mineralwasser mit Kohlensäure

8 Holunderblütendolden, gewaschen und verlesen

2 EL Puderzucker zum Bestäuben

Das Öl in einem hohen Topf auf mittlerer Temperatur erhitzen. Mehl mit Backpulver und Salz in einer Schüssel mischen. Das kalte Mineralwasser zugießen, bis ein dünner Teig mit Klümpchen entsteht.
Jeweils den Stiel einer Dolde zwischen Daumen und Zeigefinger nehmen und die Blüten in den Teig tauchen. Ins Frittieröl geben und so lange backen, bis sie goldbraun sind. Auf Küchenpapier abtropfen lassen. Mit den anderen Dolden ebenso verfahren. Die Holunderdolden vor dem Servieren mit Puderzucker bestäuben.

Holunderblütensirup

Der Holunderblütensirup kann pur genossen werden, oder man verwendet ihn für Schorle, indem man ihn mit Mineralwasser oder (warum nicht?) Sekt aufgießt.

Für ca. 1,2 Liter konzentrierten Sirup:

Holunderblütendolden, verlesen und gesäubert

650 g Zucker

1 EL Ascorbinsäure oder Zitronensäure (Apotheke)

Am Vortag ein sauberes 1-Liter-Gefäß (z. B. Weckglas) mit so vielen Holunderblütendolden wie möglich füllen. Warmes Wasser zugießen, bis die Blüten ganz bedeckt sind. Damit sie von Wasser bedeckt bleiben und sich nicht braun verfärben, ein etwas kleineres Schälchen obenauf legen. Das Gefäß abdecken und für 24 Stunden warm stellen, möglichst in die Sonne.
Am nächsten Tag den Inhalt des Gefäßes durch ein sauberes Tuch seihen und die Blüten gut ausdrücken, damit von dem aromatischen Saft nichts verloren geht.
Die Flüssigkeit in einer großen Schüssel auffangen. 1/2 Liter Saft abmessen und in ein 1 1/2-Liter-Weckglas gießen. Zucker und Ascorbin- oder Zitronensäure zufügen.
Das Weckglas für 3 Tage an einen sonnigen Ort stellen und den Inhalt ab und zu umrühren, bis der Zucker sich aufgelöst hat. Den Sirup anschließend in saubere, möglichst sterilisierte, gut verschließbare Flaschen füllen. Etiketten mit Datum und Angabe des Inhalts beschriften und aufkleben.

Pfannküchlein mit Holunderbeeren

3 reife Holunderbeerendolden

200 g Mehl

2 TL Backpulver

1/2 Msp. Natron

1/2 TL Salz

1 Ei

200 ml Milch

ca. 2 EL Butter

Honig oder Puderzucker

Die Dolden verlesen, waschen und die Beeren mit einer Gabel von den Rispen streifen. In einer großen Schüssel aus Mehl, Backpulver, Natron, Salz, Ei und Milch einen glatten Teig anrühren. Die Holunderbeeren untermischen. 1 Stück Butter in einer Pfanne erhitzen. 3 Löffel Teig in die Pfanne geben und die Pfannküchlein etwa 3 Minuten bei mittlerer Hitze backen, bis die Unterseite braun und die Oberseite fast trocken ist. Wenden und in 2 Minuten goldbraun backen. Aus der Pfanne nehmen, auf einen Teller legen und diesen auf einen Topf mit leicht kochendem Wasser stellen (so bleiben die Pfannküchlein warm).
Mit dem übrigen Teig ebenso verfahren. Die Pfannküchlein servieren und mit Honig oder Puderzucker süßen. Dazu passt außerdem Crème fraîche, Eis oder Marmelade.

Apfel-Holunderbeeren-Kuchen mit Honig

Für 6–8 Personen:

6 Blätterteigplatten (TK), aufgetaut

5 rote Äpfel, gewaschen

Beeren von 3 reifen Holunderbeerendolden, kurz mit 1 EL Zucker aufgekocht und abgetropft

2 EL Zucker

4 EL warmer flüssiger Honig

Den Backofen auf 200 °C vorheizen. Das Backblech mit Backpapier auslegen. Die Blätterteigplatten darauf zu einem Rechteck zusammenlegen. Dazu jeweils 2 Reihen mit je 3 Scheiben mit etwas Wasser aneinanderkleben, leicht andrücken und jede Scheibe etwa 6-mal mit einer Gabel einstechen (um ein zu starkes Aufgehen des Teiges zu verhindern).

Den Blätterteig in den vorgeheizten Backofen schieben und in 20 Minuten goldbraun backen. In der Zwischenzeit die Äpfel ungeschält halbieren, vom Kerngehäuse befreien und in dünne Spalten schneiden. Den Teigboden aus dem Ofen nehmen und die Temperatur auf 175 °C reduzieren.

Die Apfelscheiben dachziegelartig auf dem Blätterteig anordnen und die vorbereiteten Holunderbeeren darauf verteilen. Mit Zucker bestreuen. Den Kuchen nochmals etwa 5 Minuten backen, bis die Äpfel halb gar sind. Den Kuchen aus dem Backofen nehmen und mit dem warmen Honig beträufeln. Nach Geschmack cremig gerührten Joghurt dazu reichen.

Salatsuppe

2 Köpfe Salat, gewaschen und trockengeschleudert

2 Kartoffeln, geschält und gewürfelt

1 1/2 l Gemüsebrühe

1/8 l Sahne

Salz und frisch gemahlener Pfeffer

50 g (ca. 1 Handvoll) Rucola

2 oder 4 wachsweich gekochte Eier, gepellt und halbiert

Vom Salat 8 schöne Innenblätter beiseitelegen, den Rest in Streifen schneiden. Die Salatstreifen und die Kartoffeln in der Hälfte der Gemüsebrühe bei geringer Hitze köcheln lassen. Dabei ab und zu 1 Schuss Gemüsebrühe zugeben. Nach etwa 1 Stunde ist alles zu einer Art Püree zusammengefallen. Jetzt die restliche Gemüsebrühe zugießen und die Suppe weitere 10 Minuten leicht köcheln lassen. Die Sahne unterrühren und mit Salz und frisch gemahlenem Pfeffer würzen. Die Suppe auf 4 Teller verteilen und mit den beiseitegestellten Salatblättern und dem Rucola garnieren. In jedes „Nest“ 1 oder 2 Eihälften legen.

Waffeln mit Sahne und Himbeeren

Diese gefüllten Waffeln sind ein schnelles und einfaches Dessert, das man auch mit anderem dünnem Gebäck zubereiten kann.

8 runde Waffeln (Fertigprodukt, am besten aus dem Bioladen)

1/4 l Sahne, steif geschlagen, ungesüßt

125 g Himbeeren

Puderzucker zum Bestäuben

4 Waffeln auf eine Platte legen. Die Schlagsahne daraufstreichen und mit Himbeeren belegen. Jeweils eine zweite Waffel auflegen und mit Puderzucker bestäuben.

Gemischter Salat mit Kapuzinerkresse

Kapuzinerkresse (Tropaeolum majus) lässt sich im Garten oder im Topf ganz einfach selbst ziehen. Die wunderschönen Blüten sind essbar und geben jedem Salat einen herrlich würzigen Geschmack.

50 g (ca. 1 Handvoll) Feldsalat • 50 g (ca. 1 Handvoll) Rucola
1 kleiner Kopf Batavia-Salat • 2 Frühlingszwiebeln, geputzt und in feine Ringe geschnitten
Kapuzinerkresseblüten

Feldsalat, Rucola und die Blätter des Batavia-Salates verlesen, waschen und trockenschleudern. Die Salatblätter auf einer Platte anrichten, mit Frühlingszwiebeln bestreuen und mit Kapuzinerkresseblüten garnieren. Dazu eine einfache Vinaigrette reichen, z. B. eine Balsamico-Vinaigrette (Rezept unten).

Balsamico-Vinaigrette

1 EL Balsamico-Essig • 1 Knoblauchzehe, geschält und durchgepresst
Meersalz und frisch gemahlener Pfeffer • 3 EL Olivenöl

Mit einer Gabel Essig mit Knoblauch, Salz und Pfeffer in einem Schälchen verrühren. Das Olivenöl nach und nach unterschlagen.

Himmlische Schönheit

Im Frühjahr erblüht der Blauregen in himmlischer Pracht.
Er verzaubert die Pergola in ein träumerisches Paradies.
Überschwänglich wehen die Blütentrauben im Wind.
Im Sommer dann filtern seine Blätter sanft die Sonnenstrahlen
und wir wähnen uns in mediterranen Sphären.

Pflaumen mit Amarettini-Mandel-Füllung

4 große reife Pflaumen, halbiert und entsteint

8 Amarettini, fein zerbröselt

8 Mandeln, fein gehackt

2 EL Kakaopulver

2 EL Zucker

2 EL trockener Weißwein

1 1/2 EL Butter

Den Backofen auf 200 °C vorheizen. Mit einem Teelöffel Fruchtfleisch aus den Pflaumenhälften lösen, so dass noch ein Rand stehen bleibt. Das herausgelöste Fruchtfleisch mit Amarettinibröseln, gehackten Mandeln, Kakaopulver, 1 Esslöffel Zucker und 1 Esslöffel Weißwein mischen.

Eine feuerfeste Form mit Backpapier auslegen und die Pflaumenhälften mit der ausgehöhlten Seite nach oben hineinsetzen. Die Früchte mit dem Amarettini-Gemisch füllen und jeweils 1 Butterflöckchen daraufgeben. Mit dem verbliebenen Weißwein beträufeln und mit dem übrigen Zucker bestreuen. 25 Minuten im vorgeheizten Backofen garen.

Tomatensalat mit Oregano

Oregano, auch Majoran genannt, schmeckt nicht nur lecker auf Pizza, sondern eignet sich auch gut für Brotteig, Saucen und Salate. Tee aus Oreganoblättern wirkt entspannend. Es gibt verschiedene Sorten Oregano. Wilder Majoran (Origanum vulgare) hat dunkelgrüne Blätter, die nach Pfeffer schmecken. Echter Oregano (Origanum majorana) hat hellgrüne Blätter, die süß-würzig schmecken. Origanum heracleotum hat süß-würzige, kleine limonenfarbige Blätter.

500 g Tomaten, halbiert, vom Stielansatz befreit und in Stücke oder Scheiben geschnitten (je nach Größe)

3 EL Olivenöl

Saft von 1 Zitrone

Meersalz und frisch gemahlener Pfeffer

4 Stängel Oregano, am besten mit Blüten

Die Tomatenhälften auf einer Platte anrichten. Für das Dressing Olivenöl, Zitronensaft, Salz und Pfeffer verrühren und über die Tomaten träufeln. Blättchen und Blüten von den Oreganostängeln zupfen, hacken und über den Salat streuen.

Rote-Bete-Salat mit grünen Bohnen, Frühlingszwiebeln und Veilchen

Für den Salat:

4 mittelgroße frische Rote-Bete-Knollen (oder 4 gekochte)

Salz • 260 g grüne Bohnen, geputzt

3 Frühlingszwiebeln, geputzt und in feine Ringe geschnitten

12 kleine Veilchenblüten

Für die Vinaigrette:

6 EL Olivenöl • 2 EL Apfelessig

Meersalz und frisch gemahlener Pfeffer

Für den Salat frische Rote-Bete-Knollen waschen und in reichlich Salzwasser etwa 1 1/2 Stunden garen. Inzwischen die grünen Bohnen in kochendem Salzwasser bissfest garen, das dauert etwa 10 Minuten. Abgießen und in einer Schüssel mit kaltem Wasser abkühlen lassen. Anschließend gut abtropfen lassen und auf einer Platte anrichten.

Für die Vinaigrette Olivenöl, Apfelessig, Salz und Pfeffer in einem Schälchen verrühren und beiseitestellen.

Die Rote Bete in einem Durchschlag abkühlen lassen, schälen und in Stücke schneiden. Auf den grünen Bohnen anrichten und mit der Vinaigrette beträufeln. Mit Frühlingszwiebelringen bestreuen und mit Veilchenblüten garnieren.

Möhrensuppe mit Ingwer und Frühlingszwiebelringen

2 EL Olivenöl • 2 EL gehackte Zwiebel

6 mittelgroße Möhren (etwa 600 g), geputzt, geschält und in Scheiben geschnitten

1 Kartoffel, geschält und gewürfelt • 1 Lorbeerblatt

ca. 4 cm frische Ingwerwurzel, geschält und fein gerieben

1 1/2 l Gemüsebrühe

1/2 Bund Petersilie und/oder Petersilienwurzel, zusammengebunden

Salz und frisch gemahlener Pfeffer • 1 EL Butter

1 kleine Frühlingszwiebel, geputzt und in feine Ringe geschnitten

In einem hohen Topf das Olivenöl erhitzen. Zwiebeln, Möhren, Kartoffel, Lorbeerblatt und Ingwer darin andünsten, bis die Zwiebeln schön durchsichtig und gar sind. Jetzt Gemüsebrühe angießen und Petersilie zufügen. Die Suppe mit Salz und Pfeffer würzen und etwa 25 Minuten leicht köcheln lassen. Dann Petersilie und Lorbeerblatt wieder herausnehmen.

Das Gemüse mit einem Stampfer fein zerdrücken oder mit dem Mixstab pürieren. Die Butter hinzugeben. Falls die Suppe zu dick ist, je nach Geschmack noch etwas Milch, Gemüsebrühe oder Wasser zufügen. Mit fein geschnittenen Frühlingszwiebelringen bestreuen und in Suppentellern oder -schalen servieren.

Grüner Salat mit Hülsenfrüchten

1 dicker Kopf Salat • Salz

500 g frische dicke Bohnen

500 g frische Erbsen

300 g Kapuzinererbsen (graue Erbsen)

3 EL Olivenöl • 1 EL Balsamico-Essig

frisch gemahlener Pfeffer

2 Frühlingszwiebeln, geputzt und in feine Ringe geschnitten

1 TL Estragonblättchen, gehackt

1 TL Salbeiblätter, gehackt

evtl. einige Salbeiblüten

Den Salat putzen, waschen und trockenschleudern. Einen Topf zur Hälfte mit Salzwasser füllen und dieses zum Kochen bringen. Die Hülsenfrüchte putzen bzw. palen. Bohnen und grüne Erbsen jeweils etwa 4 Minuten blanchieren, Kapuzinererbsen etwas länger. Nicht zu viele Erbsen auf einmal in den Topf geben. Die Hülsenfrüchte jeweils mit einem Schaumlöffel in eine Schüssel mit eiskaltem Wasser geben und abkühlen lassen; so behalten sie ihre frische Farbe und bleiben schön knackig. In einem Durchschlag abtropfen lassen.

Die Bohnen je nach Geschmack nochmals auspalen. Dafür mit dem Fingernagel eine kleine Kerbe in die graue Haut ritzen und die Bohne zwischen Daumen und Zeigefinger herausdrücken. Den gewaschenen und klein gezupften Salat auf einer Platte anrichten.

Für die Vinaigrette Olivenöl, Balsamico-Essig, Salz und Pfeffer verrühren. Die Vinaigrette mit den Hülsenfrüchten mischen. Auf dem Salat verteilen. Mit Frühlingszwiebeln, Estragonblättern und Salbei (Blättchen und eventuell Blüten) garnieren.

Alles im Rhythmus

Alles ist neu und doch vertraut;
das zarte Frühlingsgrün ist gewachsen
und schon bald strecken sich die Bohnen zum Licht,
wobei sie die Stangen anmutig umarmen.
Der Gärtner säubert seine Wege und verliert sich
in seinem andächtigen Rhythmus.

Spinatsalat mit Avocado, Pinienkernen und Gurken-Raita

500 g Wildspinat • 1 Avocado, geschält und entsteint

2 EL Pinienkerne • 50 g frisch gehobelter Parmesan

Den Spinat von harten Stielen befreien, gründlich waschen und trockentupfen. Die Avocado in dünne Scheiben schneiden. Die Pinienkerne bei geringer Hitze in einer Pfanne ohne Fett rösten. Spinatblätter in eine Schüssel legen und Avocadoscheiben darauf anrichten. Mit Pinienkernen und den Parmesanspänen bestreuen. Mit Gurken-Raita (Rezept unten) servieren.

Gurken-Raita

1 kleine Gurke, geschält • 1 TL Salz • 6 EL türkischer oder griechischer Joghurt

1 EL Olivenöl • EL Minzeblättchen, fein gehackt • 1 Knoblauchzehe, geschält und durchgepresst • Saft und abgeriebene Schale von 1/2 unbehandelten Zitrone

1 TL Zucker • 1 Msp. Cayennepfeffer • Minzeblättchen zum Garnieren

Die Gurke grob raspeln, mit Salz mischen, in ein Sieb geben und 15 Minuten über einer Schüssel abtropfen lassen. Joghurt, Olivenöl, Minze, Knoblauch, Zitronensaft und -schale, Zucker und Cayennepfeffer in einem Schüsselchen verrühren. Die abgetropften, ausgedrückten Gurkenraspel dazugeben. Die Raita 1 1/2 Stunden an einem kühlen Ort durchziehen lassen. Mit frischer Minze garnieren.

Fladenbrotpizza mit Mozzarella, Tomaten und Rucola

Natürlich gibt es verschiedene Varianten für den Belag. So eignen sich z. B. Pilze, Zwiebeln, Blauschimmelkäse und Ähnliches ebenfalls ganz hervorragend.

1 flaches marokkanisches Fladenbrot (rund, mit krosser Kruste)

500 g Cherrytomaten

2 Knoblauchzehen, geschält und fein gehackt

Meersalz und frisch gemahlener Pfeffer

4 EL Olivenöl

2 Kugeln Mozzarella, abgetropft

6 EL frisch gehobelter Parmesan

2 Handvoll Rucola, verlesen, gewaschen und trockengetupft

16 entsteinte schwarze Oliven

Den Backofen auf 200 °C vorheizen. Das Fladenbrot quer halbieren. Tomaten halbieren. Knoblauch, Salz und Pfeffer mit dem Olivenöl mischen. Die Schnittflächen der Hälften anteilig mit der Olivenölmischung beträufeln. Mozzarella in dünne Scheiben schneiden und je zur Hälfte auf den Broten verteilen. Mit je 2 Esslöffeln Parmesan bestreuen und mit zwei Dritteln der Tomaten belegen. Die beiden Pizzen salzen, pfeffern, auf ein Blech legen und in den heißen Ofen schieben. Alternativ dazu in einer Pfanne bei geringer Hitze erwärmen, bis der Käse geschmolzen ist. Vor dem Servieren mit Rucola, Oliven, restlichen Tomaten und Parmesan belegen.

Gebackenes Zuckerbrot mit Fragole al Limone

Ursprünglich wurde für dieses Rezept altbackenes Weiß- oder Vollkornbrot verwendet. Es schmeckt aber auch vorzüglich mit Rosinenbrot oder Stuten.

1 Ei • 150 ml Milch • 1 gestrichener TL Zimt • 1 Msp. Salz • 4 Scheiben Weißbrot oder Stuten, 1 1/2 cm dick • 1 EL Butter • Puderzucker zum Bestäuben

In einem tiefen Teller Ei mit Milch, Zimt und Salz gut verquirlen. Die Brotscheiben nacheinander darin wenden, aufeinanderlegen und mit der verbliebenen Eiermischung übergießen. Butter in einer Pfanne erhitzen. Die Brotscheiben darin von beiden Seiten schön braun backen. Diagonal halbieren und auf Tellern anrichten. Mit Puderzucker bestäuben und mit Fragole al Limone (Rezept unten) servieren.

Fragole al Limone

500 g Erdbeeren, gewaschen und geputzt • Saft von 1/2 Zitrone
4 Stängel Waldmeister • 1 EL Puderzucker, gesiebt

Große Erdbeeren halbieren, kleine ganz lassen und in eine Schüssel geben. Mit Zitronensaft beträufeln, Waldmeister und Puderzucker zugeben. Vorsichtig verrühren, bis die Beeren Saft ziehen. 30 Minuten ziehen lassen und zum gebackenen Zuckerbrot servieren.

Mais-Zwiebel-Quiche

Für eine Springform von 24 cm Durchmesser

Für den Teig: 200 g Butter, zerlassen

350 g Mehl • 3 TL Backpulver • 1 Msp. Natron • 1 Prise Salz • frisch gemahlener Pfeffer

Für die Füllung: 4 große Zwiebeln, geschält und in kleine Stücke geschnitten

2 EL Olivenöl • 1 1/2 TL Salz • frisch gemahlener Pfeffer • 1 TL Zucker

2 Dosen Mais, abgetropft

Für den Guss: 3 Eier • 1/4 l Sahne

Salz und frisch gemahlener Pfeffer • 1/2 TL frisch geriebene Muskatnuss

Außerdem: Mehl zum Bearbeiten, Fett für die Form

Den Backofen auf 170 °C vorheizen. Zerlassene Butter, Mehl, Backpulver, Natron, Salz und Pfeffer zu einem glatten Teig verkneten. Zu einer Kugel formen und abgedeckt an einem kühlen Ort 30 Minuten ruhen lassen.
Für die Füllung die Zwiebeln in Olivenöl bei geringer Hitze schmoren, bis sie durchsichtig und glänzend sind. Salzen, pfeffern, mit Zucker abschmecken und gut durchrühren. Die Zwiebelmasse in einem Sieb über einem Topf abtropfen lassen. Für den Guss Eier mit Sahne, Salz, Pfeffer und Muskat verquirlen.
Den Teig auf einer mit Mehl bestäubten Arbeitsfläche etwa 1/2 cm dick ausrollen. Die gefettete Form damit auskleiden, dabei einen Rand hochziehen. Zwiebelmischung und Mais gleichmäßig darauf verteilen und mit der Eiersahne übergießen. Die Quiche im vorgeheizten Ofen 40–50 Minuten backen, bis sie goldbraun ist.

Sandtörtchen mit Himbeeren und Blaubeeren

Wenn Ihnen der selbst gemachte Teig zu viel Aufwand ist, können Sie für dieses Rezept auch fertige Tarteletts verwenden. Statt Himbeeren können Sie auch Brombeeren, statt Blaubeeren Johannisbeeren verwenden.

80 g Zartbitterschokolade
(Kakaogehalt mindestens 72 %), sehr fein gehackt
1 Rezept Sandtörtchen (Rezept S. 154)
Aprikosenkonfitüre
125 g Himbeeren
125 g Blaubeeren

Die Schokolade über einem warmen Wasserbad langsam schmelzen lassen. Dabei ab und zu umrühren, bis sie komplett geschmolzen ist. Die geschmolzene Schokolade mit einem Backpinsel auf das Gebäck streichen. Wenn sie wieder fest ist, mit einem Löffel je 1 Klecks Aprikosenkonfitüre in die Mitte geben und darauf die Beeren zu gleichen Teilen anrichten.

Sandtörtchen

Für ca. 30 Stück:

100 g Mehl

50 g Zucker

1/2 TL Salz

75 g kalte Butter

Außerdem:

Tartelettförmchen von ca. 5 cm Durchmesser

Butter für die Förmchen

Das Mehl in eine Schüssel geben und mit Zucker und Salz mischen. Die Butter unterkneten und den Teig zu einer glatten Kugel formen. Die Schüssel mit einem Tuch abdecken und den Teig an einem kühlen Ort 30 Minuten ruhen lassen.

Den Backofen auf 175 °C vorheizen. Die Förmchen mit Butter einfetten. Aus dem Teig etwa 2 cm große Bällchen formen und mit dem Daumen in die Förmchen drücken, so dass diese zu zwei Dritteln gefüllt sind und in der Mitte eine kleine Mulde entsteht.

Die Förmchen auf ein Backblech setzen und im vorgeheizten Ofen (mittlere Schiene) in etwa 20 Minuten goldbraun backen. Herausnehmen und die Tarteletts kurz abkühlen lassen. Aus den Förmchen nehmen und auf einem Kuchengitter komplett auskühlen lassen.

Gestürzte Aprikosen-Tarte

Diese Tarte ist von der berühmten Tarte Tatin inspiriert, der gestürzten Apfeltarte, die zuerst von den Schwestern Tatin gebacken wurde. Das Einzige, was von diesem Rezept hier übrig geblieben ist, ist das Stürzen, denn anstelle von Äpfeln wurden Aprikosen, statt Mürbeteig Blätterteig verwendet, und die Butter und der Zucker für den Karamell kommen direkt in die Tarteform.

Für eine Tarteform von ca. 22 cm Durchmesser:

1 kg Aprikosen

80 g zimmerwarme Butter

120 g Zucker

6 Platten Blätterteig (TK), aufgetaut

Den Backofen auf 200 °C vorheizen. Aprikosen waschen, an einer Seite längs aufschneiden und entsteinen. Die Butter in die Backform streichen und mit Zucker bestreuen. Die Aprikosen mit der Schnittfläche nach oben dicht nebeneinander darauf verteilen. Den Blätterteig so auflegen, dass die Scheiben sich überlappen. Mit etwas Wasser aneinanderkleben und aus der Teigplatte einen runden Kreis ausschneiden, der etwas größer als die Form ist. Den überhängenden Teig nach innen rollen, so dass ein Rand entsteht.

Die Aprikosen-Tarte auf dem Herd bei mittlerer Hitze zugedeckt etwa 10 Minuten backen. Die Form vom Herd nehmen und in den vorgeheizten Backofen setzen. Dort weiterbacken, bis der Teig goldbraun ist. Herausnehmen, die Tarte in der Form kurz abkühlen lassen. Dann auf eine große Platte stürzen. Lauwarm oder kalt servieren und dazu Crème fraîche, Eis oder Schlagsahne reichen.

Verschwenderische Aromen

Überall dort, wo Kapuzinerkresse klettert, hängt,
kriecht oder als Dekoration glänzt,
stiehlt sie anderen Pflanzen die Schau.
Auf dem Teller sind die verschwenderischen Blüten
eine beliebte Garnitur.
Ihr würziger Geschmack ist ebenso reizvoll
wie ihre leuchtend warme Farbe.

Happy Tea

Zitronenmelisse (Melissa officinalis) wächst auf jedem feuchten Boden, z. B. an einer Stelle mit voller Morgensonne, die nachmittags im Schatten liegt. Auch auf dem Balkon wächst Zitronenmelisse, und kleine Pflanzen können selbst im Haus an einem hellen Ort gezogen werden. Das Blatt hat einen herrlich frischen Geschmack, fein gehackt verfeinert es herzhafte Salate, Obstsalate, Gelees, Säfte, Saucen, Essig und Wein. Die Melisse während der Zubereitung nicht mitkochen, sondern erst am Ende zufügen, um den Geschmack zu bewahren.

Einige Stängel oder 1 Handvoll frische Zitronenmelisse gründlich waschen und in ein Glas oder eine Teekanne geben. Mit kochendem Wasser übergießen und etwa 10 Minuten ziehen lassen.
Mit einer Zitronenscheibe und einem Spritzer Holunderblütensirup (Rezept S. 103) ist der Tee ein herrlich entspannendes Sommergetränk.

Aprikosenkonfitüre mit Basilikum

1 kg reife Aprikosen

800 g Zucker

Saft von 1/2 Zitrone

3 Stängel Basilikum

Aprikosen waschen, entsteinen, vierteln und zusammen mit dem Zucker und dem Zitronensaft in einem großen Topf mit dickem Boden erhitzen und etwa 25 Minuten leicht köcheln lassen. Dabei immer wieder mit einem Holzlöffel umrühren, damit nichts anbrennt. Die Basilikumstängel zerdrücken und zu der Konfitüre geben. Die Mischung etwa 10 Minuten köcheln lassen. Den Schaum von der Oberfläche schöpfen und die Konfitüre zusammen mit den Basilikumstängeln in saubere, kochend heiß ausgespülte Twist-off-Gläser füllen. Fest verschließen und die Gläser einige Zeit auf dem Kopf stehen lassen, dann wieder umdrehen. Etiketten mit Datum und Inhaltsangabe versehen und aufkleben. Die Konfitüre dunkel und kühl aufbewahren. Nach dem Öffnen in den Kühlschrank stellen.

Nudelsalat mit gegrillten Paprikas

Für den Salat: 500 g Nudeln (für dieses Rezept wurden Pappardelle, die sehr breiten Bandnudeln, verwendet) • Salz
2 große oder 3 kleine rote Paprikaschoten
2 große oder 3 kleine gelbe Paprikaschoten
1 EL Kapern • 2 EL Basilikumblättchen, fein gezupft
schwarze Oliven, entsteint und halbiert
Für die Vinaigrette: 6 EL Olivenöl • 2 EL Zitronensaft
2 Knoblauchzehen, geschält und gehackt
Meersalz und frisch gemahlener Pfeffer
durchgeseihter Paprikasaft (nach dem Backen aufgefangen)

Für den Salat die Nudeln in reichlich kochendem Salzwasser nach Packungsanweisung bissfest garen, abgießen, kalt abspülen und abtropfen lassen. Die Paprikaschoten 30 Minuten oder länger unter den Grill des Backofens legen, dabei ab und zu wenden. Sie können die Schoten auch auf einer Gabel über einer Gasflamme rösten. Die heißen Schoten in eine Plastiktüte geben und diese verschließen oder mit einem feuchten Tuch bedecken und auskühlen lassen.
Für die Vinaigrette Olivenöl, Zitronensaft, Knoblauch, Salz und Pfeffer verrühren. Die Paprikaschoten über einem Teller häuten, halbieren und das Innere säubern. Den dabei aufgefangenen, durchgeseihten Saft unter die Marinade rühren. Die Paprika in lange Streifen schneiden.
Die Nudeln in eine große Schüssel geben und die Vinaigrette unterrühren. Paprikastreifen, Kapern und Basilikum untermischen und mit Oliven bestreuen.

Zwiebelkonfitüre

1 kg rote Zwiebeln, geschält und halbiert

2 EL Olivenöl • 2 EL Butter

3 EL brauner Rohrzucker • 3 EL Meersalz

frisch gemahlener Pfeffer

1 Lorbeerblatt • 1 Zimtstange

1 TL Koriandersamen

5 Wacholderbeeren

5 EL Rotwein • 4 EL Balsamico-Essig

Die Zwiebeln in dünne Scheiben schneiden und in einem großen Topf mit dickem Boden mit Olivenöl und Butter bei niedriger Hitze anschwitzen, bis sie schön durchsichtig sind. Rohrzucker, Salz, Pfeffer, Lorbeerblatt, Zimtstange, Koriandersamen und Wacholderbeeren zufügen und alles gut verrühren.
Die Mischung nach einigen Minuten mit Rotwein und Balsamico-Essig ablöschen und etwa 1 Stunde bei niedriger Hitze zugedeckt köcheln lassen. Die Konfitüre ab und zu umrühren, damit sie nicht ansetzt. Den Deckel vom Topf nehmen und, falls nötig, die Konfitüre noch weiter einkochen lassen, bis fast alle Flüssigkeit verdampft ist. Mit Salz und Pfeffer abschmecken.
Die Konfitüre in saubere, kochend heiß ausgespülte Twist-off-Gläser füllen, mit etwas Olivenöl auffüllen und gut verschließen. Abkühlen lassen und dunkel und kühl aufbewahren. Zwiebelkonfitüre schmeckt vorzüglich auf Crostini, aber auch zu Suppe, Eintopf, Salat oder zu gegrilltem Gemüse passt sie hervorragend.

Gestürzte Zwiebeltarte

Für 1 Tarteform von ca. 26 cm Durchmesser:

1 EL Olivenöl

2 EL Butter

1 kg Schalotten, geschält

3 EL brauner Rohrzucker

Meersalz und frisch gemahlener Pfeffer

2 EL Balsamico-Essig

8 Platten Blätterteig (TK), aufgetaut

Olivenöl und Butter in einer Pfanne erhitzen und die Schalotten bei mittlerer Hitze darin anschwitzen, bis sie hellbraun sind. Mit Rohrzucker bestreuen, mit Salz und Pfeffer würzen und gut durchrühren. Die Schalotten nach einigen Minuten mit Essig ablöschen und weiterschmoren, bis sie schön dunkelbraun und durchsichtig sind. Herausnehmen und in der Tarteform verteilen. Etwas abkühlen lassen. Den Backofen auf 200 °C vorheizen.

Die Blätterteigplatten auf einem Stück Backpapier so aneinanderlegen, dass sie sich leicht überlappen. Die Ränder mit etwas Wasser zusammenkleben. Aus der Teigplatte einen runden Kreis ausschneiden, der 2 cm größer ist als die Form, und an einem kühlen Ort oder im Kühlschrank ruhen lassen.

Die Teigplatte auf die abgekühlten Schalotten legen und den überstehenden Rand nach innen einrollen. Die Tarte im vorgeheizten Backofen 25 Minuten backen, bis sie schön goldbraun und gut aufgegangen ist. Auf eine Platte stürzen und warm oder kalt zu Käse oder Salat servieren.

Sommerobst entlang des Fjords

In seinem Korsett aus Pfahl und Strick
streckt sich der Apfelbaum in die Höhe
und schenkt sein Obst im Überfluss,
entlang den schmalen Ufern des Fjordes,
in dessen Höhen noch Winter herrscht.

Fenchelsuppe mit Schnittlauch

3 mittelgroße Fenchelknollen • 1 EL Butter • 2 EL Olivenöl

1 Zwiebel, geschält und fein geschnitten

1 Kartoffel, geschält und klein gewürfelt

1 Lorbeerblatt • 1 Bund Petersilie, zusammengebunden

1 1/2 l heiße Gemüsebrühe

1/4 TL frisch geriebene Muskatnuss

150 ml Milch • Salz und frisch gemahlener Pfeffer

1/8 l Sahne • 2 EL Schnittlauch, in feine Röllchen geschnitten

Die Fenchelknollen von äußeren Blättern und bitterem Strunk befreien und sehr fein würfeln. Butter und Olivenöl in einem großen Suppentopf erhitzen und die Zwiebel darin bei mittlerer Hitze dünsten, bis sie durchsichtig, aber noch nicht braun ist. Fenchel, Kartoffelwürfel, Lorbeerblatt und Petersilie zufügen und das Ganze einige Minuten dünsten. Dann die Gemüsebrühe angießen und Muskatnuss zugeben. Alles zum Kochen bringen und etwa 20 Minuten bei geringer Hitze köcheln lassen. Dann Lorbeerblatt und Petersilie aus der Suppe entfernen. Das Gemüse mit einem Stampfer zerstampfen oder dem Mixstab pürieren und die Milch unterrühren. Mit Salz und Pfeffer würzen und noch einige Minuten köcheln lassen.
In der Zwischenzeit die Sahne aufschlagen, salzen, pfeffern und 1 Esslöffel Schnittlauchröllchen unterheben.
Die Suppe in Suppenschüsseln füllen. Jeweils 1 Klecks Schnittlauchsahne daraufgeben und mit den verbliebenen Schnittlauchröllchen bestreuen.

Birne-Stilton-Walnuss-Säckchen

1 reife Birne

80 g Stilton (englischer Blauschimmelkäse), zerkrümelt

12 geröstete Walnusskerne, fein gehackt

4 Blätter Filoteig, aufgetaut und mit einem feuchten Tuch abgedeckt

2 EL Olivenöl oder geschmolzene Butter

Den Backofen auf 180 °C vorheizen. Die Birne schälen, vom Kerngehäuse befreien und in kleine Stücke schneiden. In einer Schüssel die Birnenstückchen mit dem Käse und den Walnüssen mischen.
Die obere Seite jedes Teigblatts mit Olivenöl oder geschmolzener Butter bestreichen. Jeweils 2 Teigblätter übereinanderlegen und dann in 4 Quadrate von etwa 12 cm Kantenlänge schneiden. Mit einem Löffel je ein kleines Häufchen der Füllung in die Mitte jedes Quadrates setzen. Kleine Säckchen formen, indem die Spitzen zusammengenommen und mit Daumen und Zeigefinger zusammengedrückt werden. Die Säckchen auf ein mit Backpapier ausgelegtes Backblech setzen und etwa 10 Minuten im vorgeheizten Backofen goldbraun backen.

IDEAL
FLATBRØD

Haselnusslikör

150 g Haselnusskerne

1/2 l Obstbrand oder Branntwein

1 Muskatblüte

1 Zitronenscheibe ohne Schale

200 g Zucker

200 ml warmes Wasser

Die Nüsse in einer Pfanne bei geringer Hitze langsam rösten, dabei ab und zu durchrütteln, damit sie von allen Seiten hellbraun werden. Abkühlen lassen. Obstbrand oder Branntwein in ein ausreichend großes Einmach- oder Twist-off-Glas gießen. Die Haselnüsse fein hacken und zugeben. Muskatblüte und Zitronenscheibe zufügen. Das Glas fest verschließen und 2 Monate oder länger bei Zimmertemperatur stehen lassen, währenddessen ab und zu durchschütteln.
Danach das Gemisch durch einen Kaffeefilter gießen und die Flüssigkeit in einer Schüssel auffangen. Den Zucker im warmen Wasser auflösen und zum Alkohol geben. Alles gut umrühren und den Likör in eine fest verschließbare Flasche füllen. Noch einige Monate stehen lassen und erst dann genießen!

Brunnenkressesalat mit Birne und Blauschimmelkäse-Dressing

2 Bund Brunnenkresse • 1 große reife Birne • 2 EL Haselnuss-, Walnuss- oder Pinienkerne

40 g Blauschimmelkäse (z. B. Gorgonzola oder Roquefort), zerbröselt

Blauschimmelkäse-Dressing (Rezept unten)

Die Brunnenkresse von den Stielenden befreien. Die Spitzen waschen und trockenschleudern. Die Birne schälen, vom Kerngehäuse befreien und in dünne Spalten schneiden. Nüsse oder Pinienkerne bei geringer Hitze in einer Pfanne ohne Fett hellbraun rösten. Brunnenkresse auf 4 Teller verteilen. Die Birne darauf anrichten. Mit Nüssen oder Pinienkernen und Blauschimmelkäse bestreuen. Dazu das Blauschimmelkäse-Dressing (Rezept unten) reichen.

Blauschimmelkäse-Dressing

100 g Blauschimmelkäse (z. B. Gorgonzola oder Roquefort)

1 EL Olivenöl • 1/8 l Sahne, griechischer Joghurt oder Crème fraîche

ggf. 1 Schuss Milch • frisch gemahlener Pfeffer • ggf. Salz

Den Käse mit einer Gabel in einem Schüsselchen fein zerdrücken. Unter Rühren nach und nach Olivenöl und Sahne, Joghurt oder Crème fraîche zufügen und zu einem glatten Dressing verrühren. Wenn es zu dick ist, noch 1 Schuss Milch zufügen. Mit Pfeffer und eventuell noch etwas Salz würzen.

Stilleben

Frisch aus dem Regal oder aus dem Garten
verwandeln sie die Etagere in eine üppige Auslage.
Ein Blick genügt, um zu wissen,
welcher Genuss uns erwartet.
Es geht doch nichts über Obst und Gemüse,
das die reine Lebenskraft der Sonne in sich trägt.

Kirsch-Himbeer-Trifle

Dieses Dessert ist eine Abwandlung des traditionellen englischen Trifle. Er wurde ursprünglich aus Pudding, Obst, Sahne und dünnen, in Wein oder Sherry getränkten Cake-Scheiben zubereitet und in einer Glasschüssel geschichtet. Dieses Rezept ist eine einfache und frische Variante des Originals. Statt Pudding wird griechischer Joghurt verwendet.

200 g griechischer Joghurt

1/8 l Sahne, mit 2 TL Zucker steif geschlagen

6 dünne Scheiben Cake (Fertigprodukt)

1 Glas Weißwein oder Sherry (ersatzweise Kirschsaft, falls Kinder mitessen)

125 g Himbeeren, gewaschen

250 g Kirschen, gewaschen und entsteint

Den griechischen Joghurt mit der Sahne mischen. Den Boden der Schüssel mit der Hälfte der Cake-Scheiben auslegen und mit Wein, Sherry oder Saft beträufeln. Himbeeren und Kirschen auf den Cake geben, dann eine Schicht der Joghurt-Sahne-Mischung darauf verteilen. Das Ganze wiederholen und mit etwas Obst abschließen. Vor dem Servieren durchziehen lassen.

Couscous mit Gemüse und orientalischen Gewürzen

Für 4–6 Personen:

1 Zwiebel

2 Möhren

2 EL Butter

2 EL Olivenöl

2 TL Currypulver

1 TL Kurkuma (Gelbwurz)

1 TL Zimtpulver

Salz

3/4 l heiße Gemüsebrühe

200 g frische Erbsen (ersatzweise TK-Erbsen)

250 g Instant-Couscous

frisch gemahlener Pfeffer

Zwiebel schälen und fein würfeln. Möhren putzen, schälen und würfeln. In einem großen Topf 1 Esslöffel Butter mit dem Olivenöl zerlassen. Zwiebel und Möhren mit Curry, Kurkuma, Zimt und Salz bei mittlerer Hitze dünsten, bis die Zwiebelwürfel durchsichtig und die Möhren beinahe gar sind.
Gemüsebrühe zugießen und das Ganze zum Kochen bringen. Die Erbsen zufügen. Wenn die Gemüsebrühe wieder kocht, Couscous einrieseln lassen. Den Topf von der Herdplatte nehmen und mit geschlossenem Deckel 5 Minuten stehen lassen.
Zum Schluss 1 Esslöffel Butter unterrühren und mit Salz und Pfeffer abschmecken.

Pastasalat mit Mozzarella Estragon und Zitronenschale

500 g Muschelnudeln

Salz

16 Mini-Mozzarella-Kugeln von Büffel- oder Kuhmilch

6 EL Olivenöl

abgeriebene Schale von 2 unbehandelten Zitronen

2 EL Zitronensaft

Salz und frisch gemahlener Pfeffer

2 EL Estragonblätter

Die Nudeln in reichlich kochendem Salzwasser nach Packungsanweisung bissfest garen. Abgießen, mit kaltem Wasser abspülen und in einem Sieb abtropfen lassen. Den Mozzarella in einem Durchschlag abtropfen lassen. Olivenöl, Zitronenschale und Zitronensaft mit Salz und Pfeffer verrühren. Die Mozzarella-Kügelchen in die Vinaigrette geben und durchziehen lassen.
Die abgekühlten Nudeln in eine große Schüssel füllen. Vinaigrette (ohne Mozzarella) und die Hälfte der Estragonblättchen darübergeben und den Nudelsalat vorsichtig umrühren. Die Mozzarella-Kügelchen mit den restlichen Estragonblättchen auf dem Salat verteilen. Sofort servieren.

Ofenkartoffeln

Für dieses Rezept wurden ungeschälte Malta-Kartoffeln verwendet. Die Kartoffeln eignen sich hervorragend als Beilage z. B. zu gegrilltem Gemüse (Rezept S. 47).

1 kg Kartoffeln • Salz

6 Knoblauchzehen, ungeschält

8 EL Olivenöl

Meersalz und frisch gemahlener Pfeffer

5 Stängel Rosmarin

Den Backofen auf 200 °C vorheizen. Kartoffeln waschen und die Schale gut sauber bürsten. Kleinere Kartoffeln längs halbieren, größere längs vierteln. Die Kartoffeln in reichlich kochendem Salzwasser 5 Minuten garen, abgießen und in einem Durchschlag gut abtropfen lassen.

Kartoffeln und Knoblauchzehen in einer Auflaufform verteilen, mit reichlich Olivenöl beträufeln und mit Salz und Pfeffer großzügig würzen. Die Rosmarinstängel in kleinere Stücke teilen und auf den Kartoffeln verteilen. Alles gut vermengen. Die Auflaufform in den vorgeheizten Backofen setzen und die Kartoffeln 25 Minuten backen, bis sie goldbraun und knusprig sind. Zwischendurch ab und zu wenden. Dazu passt gemischter Salat.

Risi e Bisi

Dieses klassische italienische Risotto mit frischen Erbsen und Parmesan wird in Venedig Risi e Bisi, im restlichen Italien Minestra genannt.

2 EL Schalotten- oder Zwiebelwürfel

2 EL Olivenöl • 1 EL Butter

300 g Risotto-Reis (Vialone, Arborio oder Carnaroli)

1 Glas (trockener) Weißwein • 1 1/2 l heiße Gemüsebrühe

Salz und frisch gemahlener Pfeffer

1 Knoblauchzehe, geschält und durchgepresst

250 g frische Erbsen, gepalt (ersatzweise TK-Erbsen)

2 EL gehackte Petersilie • 3 EL frisch geriebener Parmesan

In einer großen Pfanne oder einem weiten Topf Schalotten oder Zwiebeln in Olivenöl und Butter anschwitzen, bis sie durchsichtig und gar sind. Den Reis zugeben und etwa 2 Minuten dünsten. Dabei gut umrühren, damit alle Körner von einer Schicht Fett bedeckt sind. Mit dem Weißwein und 1 Schuss Gemüsebrühe ablöschen, salzen und pfeffern. Knoblauch und Erbsen zufügen (TK-Erbsen 5 Minuten später zugeben, da sie schneller gar sind). Sanft köcheln lassen und ab und zu umrühren, bis der Reis alle Flüssigkeit aufgenommen hat. Immer wieder etwas Gemüsebrühe zugeben und weiterrühren, damit der Reis nicht ansetzt. Wenn die ganze Brühe vom Reis aufgenommen ist und das Risotto zu fest geworden ist, eventuell noch etwas Wasser zugeben. Das Risotto sollte cremig, aber die Reiskörner innen noch al dente sein. Zum Schluss die Petersilie zufügen und das Risotto mit geriebenem Parmesan bestreut servieren.

Kulinarische Schätze

Die Köchin kennt die Geheimnisse des Gartens.
Sie hat gesehen, geschnuppert und gepflückt,
und sie weiß, wie sie ihre Gerichte
mit wildem Oregano,
Brennnessel oder Waldmeister bereichert.

Register

Vorspeisen und Snacks

Salate

Suppen

Hauptgerichte

Beilagen

Gebäck

Süßes und Desserts

Saucen und Dips

Eingemachtes

Getränke

2930
Wortel
Carotte
Carrot
Speisemöhr
Amsterdam
Horti Tops

Wir danken:

Paula und Mattie de Wijs, die uns ihr Gartenhäuschen zur Verfügung gestellt haben,
Shula Amitai für ihr herrliches Quicherezept,
Tal Amitai für seine Tomatenkonfitüre,
Arjan Ederveen für seine Gastfreundschaft,
Jan Schaefers für seinen Rat und seine Tat im Gemüsegarten,
Sjoukje de Vries und Inès Beeftink für ihre Kreativität,
Sander, Leon, Gunnar, Inès, Finn und Elvie für ihren großzügigen Auftritt im Bild.